HAÏTI

ET

LA RÉVISION

PAR

JACQUES-NICOLAS LÉGER

AVOCAT

Secrétaire de la Légation d'Haïti à Paris

PARIS

C. MARPON ET E. FLAMMARION

ÉDITEURS

26, RUE RACINE, PRÈS L'ODÉON

HAÏTI

ET LA RÉVISION

DU MÊME AUTEUR

Haïti et l'Instruction publique.

EN PRÉPARATION

La Politique extérieure d'Haïti.

HAÏTI

ET

LA RÉVISION

PAR

JACQUES-NICOLAS LÉGER

AVOCAT

Secrétaire de la Légation d'Haïti à Paris.

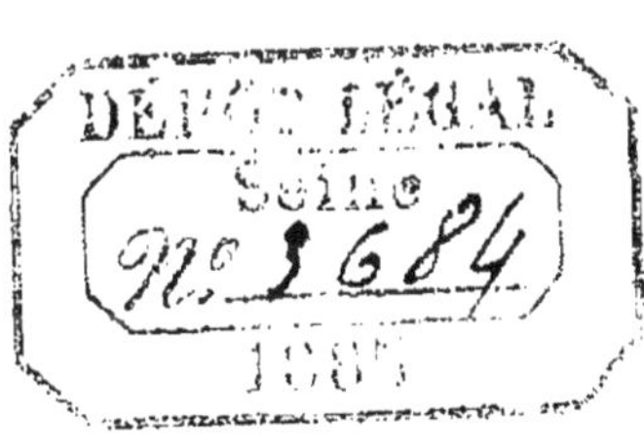

PARIS

C. MARPON ET E. FLAMMARION

ÉDITEURS

26, RUE RACINE, PRÈS L'ODÉON.

1885

I

A MA CHÈRE HAÏTI,

A MON PÈRE,

M. le Sénateur Nicolas LÉGER

A TOUS LES BONS PATRIOTES

je dédie ces lignes exclusivement consacrées à la politique intérieure.

Le lecteur ne me refusera sans doute pas son indulgence et voudra bien excuser tout ce qu'il y a de défectueux dans cette étude nécessairement hâtive. Je ne vise pas à l'effet et j'ai exprimé mes idées au fur et à mesure qu'elles se présentaient, sans ordre ni classification, préférant sacrifier la forme à la nécessité de dire ce que je crois pouvoir être utile à mon pays. Il est des moments où se taire est un véritable crime; le citoyen a le droit et le devoir impérieux d'élever la voix, toutes les fois qu'il a l'espoir que ses paroles peuvent contribuer au bien-être de ses frères.

II

Je ne redoute pas les colères que ma franchise pourra déchaîner. Et j'ai mûrement médité cette pensée qui est, je crois, de Montaigne : « A chasque opposition, on ne regarde pas si elle est « juste; mais à tort ou à droict, comment

« *on s'en desfera : au lieu d'y tendre les* « *bras nous y tendons les griffes.* »

Comme l'auteur des Essais, « *je fes-* « *toye et caresse la vérité en quelque* « *main que je la treuve* ».

Paris, 9 mai 1885.

J.-N. LÉGER.

HAÏTI ET LA RÉVISION

I

Les charges survivent aux gouvernements qui les ont établies. — Et les fautes ne sont pas toujours expiées par ceux qui les ont commises : nécessité de prévenir une telle injustice, en prenant des précautions pour l'avenir.

« Les hommes passent ; le pays reste. »

Haïti longtemps encore gémira sous le poids des charges successivement accumulées ; son malheureux et généreux peuple souffrira, peinera, supportant seul les conséquences de mesures qu'il n'aurait ni désirées, ni conseillées.

Et ceux qui, par ignorance, faiblesse ou mauvaise foi, auraient créé une telle situation, voudraient échapper à toute responsabilité! Les auteurs de tous nos malheurs afficheraient la prétention ou se croiraient le droit de jouir tranquillement d'une position parfois acquise au détriment et aux dépens de tous; leurs descendants, leurs héritiers pourraient impunément se moquer de souffrances qu'ils ne ressentent pas, et s'enivrer, avec cynisme, des jouissances que procure une fortune ramassée souvent dans la honte de leur pays! Ce serait vraiment une amère ironie; et, malgré tout le sang-froid qu'on voudrait garder, l'on ne peut se défendre d'une légitime indignation à la pensée qu'une telle iniquité se pourrait commettre. Je voudrais étouffer le cri de colère que je sens monter de ma conscience. Mais je crois plus loyal de parler franchement à mes concitoyens : c'est le meilleur moyen d'arriver à mettre fin à des abus intolérables qui, hélas ! n'ont déjà que trop duré.

Il est en effet souverainement injuste que ceux-là qui ont commis les fautes dont nous subissons l'expiation, puissent seuls se soustraire à tout châtiment. Le temps est venu de faire comprendre à tous que le pouvoir n'est pas une occasion de jouissances ; mais, au contraire, qu'il y a, dans la puissance dévolue à un fonctionnaire, des responsabilités sérieuses que les intéressés sauront invoquer au besoin. Le temps est venu de faire comprendre à tous qu'on doit briguer certaines fonctions publiques, non pour la satisfaction de sentiments grossiers ou l'assouvissement d'appétits malsains, mais pour le bien qu'elles donnent le moyen de faire au pays dans l'intérêt duquel seul elles doivent être exercées.

Il ne doit plus être permis au premier venu de s'emparer d'un pouvoir auquel ne l'auraient préparé ni ses études, ni des aptitudes spéciales, et de faire payer ensuite à tout un peuple les fautes et toutes les bévues qu'il lui plairait de commettre. Il faut vraiment avoir une conscience robuste pour, quand on se sent incapable de gérer les affaires d'un pays, ne pas reculer devant les malheurs incalculables qu'on peut causer. Quant à ceux qui ont plus de prétentions que de bonnes intentions et qui ne voient, dans les hasards qui leur confient momentanément les destinées d'un peuple, qu'un prétexte de s'enrichir et de faire leurs propres affaires, ils sont justiciables des cours d'assises et méritent la chaîne du forçat. Tôt ou tard justice se fera et l'histoire, se saisissant de leurs noms, saura bien leur appliquer la flétrissure qui les attend. Aussi bien, je ne compte pas insister plus qu'il ne convient sur le passé; les récriminations seraient puériles.

Je ne veux penser qu'à l'avenir dans lequel j'ai une foi aveugle. Et je me bornerai à demander quelques garanties destinées à empêcher le retour des désordres contre lesquels chacun murmure tout bas et dont on voudrait voir la cessation. Le moment ne saurait certes être mieux choisi, puisqu'il est question d'une prochaine révision de nos lois constitutionnelles.

II

Le parti national doit être réformateur. — Le peuple n'est pas insouciant et désire le progrès : à preuve, la popularité de M. le général Salomon. — Pas de personnalités; je ne discute que des faits.

Quand un mal existe, les palliatifs, les expédients peuvent parfois l'attónuer, mais ne suffisent jamais pour le détruire. Pour le déraciner, l'extirper, il faut aller à la cause et y porter le fer rouge d'une main ferme. Les réformes radicales sont souvent seules efficaces; et les demi-mesures, les ménagements peuvent tout compromettre. Certes, je sais qu'il y a certains abus qu'on ne peut faire disparaître qu'à la longue; en ce cas, la patience, la persévérance et l'esprit de suite sont indispensables : c'est élémentaire et cela ne peut être l'objet d'aucun doute de la part d'hommes qui s'occupent sérieusement de politique. Mais il est aussi des injustices criantes qu'on peut faire cesser immédiatement; il suffit d'un peu d'énergie et de quelques mesures savamment combinées.

Le parti national n'aurait aucune raison d'être, s'il ne se faisait réformateur; s'il ne cherchait à satisfaire les aspirations démocratiques de la nation et ne tendait à améliorer la situation morale et matérielle du plus grand nombre. A chaque essai de rénovation, certaines gens qui ne veulent pas voir cesser l'état de choses actuel, et pour cause, ne manquent jamais de s'écrier qu'Haïti est un pays à part et qu'on ne peut y introduire ce qui se fait ailleurs; ils en prennent naturellement prétexte pour enrayer, neutraliser toutes les bonnes dispositions de quelques âmes généreuses, mais timides. On se croise les bras et l'on semble attendre que le progrès tombe du ciel, sans vouloir pourtant faire le moindre effort pour l'en faire descendre.

A quoi bon! tel est le cri qu'on voudrait rendre national! Mais, non; les insouciants font injure au peuple, s'ils pensent que leur haussement d'épaules est dans ses goûts. Et la légitime popularité dont jouit M. le général Salomon en est la meilleure preuve. A l'âge où d'habitude l'on ne pense qu'aux frivolités, il prêchait déjà l'union et réclamait des améliorations. Et il n'a cessé de poursuivre avec une courageuse persévérance la réalisation de l'idée à laquelle il avait consacré sa vie : relèvement et réhabilitation des Haïtiens. Si, aujourd'hui, il ne lui est pas donné d'exécuter jusqu'au bout son vaste programme, il aura du moins la gloire d'avoir osé. Il a attaché le grelot; d'autres continueront son œuvre. Il est toutefois à regretter que le vétéran de nos luttes pour le progrès n'ait pas eu le concours unanime de ses concitoyens : ce concours lui aurait certainement facilité l'accomplissement de la tâche épineuse dont il a assumé la responsabilité. Mais la reconnaissance des vrais patriotes le dédommagera des résistances malhabiles et des obstacles qu'il aura pu rencontrer.

Ce juste hommage rendu à M. le Président de la République, qu'il me soit maintenant permis de faire connaître qu'il est inutile de rechercher, dans ce que je pourrai dire, des personnalités dont je ne m'occupe pas. Je sais qu'on a pris la malheureuse habitude de faire intervenir des noms plus ou moins dignes d'attention dans toutes les questions qu'on agite. Les intérêts les plus sacrés ont trop souvent été débattus au point de vue et au profit de passions vraiment misérables; et les compétitions de personnes, pour notre malheur, ont occupé une trop large place dans notre histoire; lorsqu'on s'oublie jusqu'à les introduire dans l'étude des problèmes les plus élevés, on rapetisse tout et on ravale sa propre dignité. Quand il s'agit de la Patrie, il ne devrait être permis à aucun homme de mettre en avant sa petite personne, si importante qu'il veuille bien la croire. Je ne discute que des actes, sans me soucier de ceux qui ont pu les commettre. Je ne vise pas plus un gouvernement qu'un autre; et j'analyse des faits qui se sont passés sous divers régimes.

Une telle déclaration n'était même pas nécessaire; j'ai cependant tenu à la faire pour déconcerter et décourager d'avance le zèle intempestif et quelquefois maladroit d'empressés qui ne manquent jamais de faire croire à Pierre ou à Paul qu'ils ont été l'objet de critiques adressées plutôt aux choses qu'aux individus. Et comme Haïti est jeune et que l'éducation politique y laisse encore à désirer, les grands fonctionnaires sont excessivement chatouilleux; ils croient facilement que c'est un véritable crime que d'oser parler de ce qu'ils ont fait ou de ce qu'ils font. Leurs actes pourtant n'engagent pas seulement leurs parents, mais bien tout le monde, depuis le dernier paysan perdu dans nos montagnes jusqu'au citadin aisé qui se contente de vivre de ses revenus.

III

Les Secrétaires d'État devraient se rappeler que leurs actes engagent tout le pays. — Responsabilité qui en résulte. — Jugement du tribunal civil de Port-au-Prince contre un Président d'Haïti. — Précédent établi.

MM. les Secrétaires d'État devraient surtout se convaincre de la vérité qui précède; car, dans une République démocratique, ils ne sont que des citoyens chargés de diriger, sous leur responsabilité personnelle, les diverses branches de l'administration. Ils sont, à mon avis, comptables de leur gestion et parfaitement responsables des fautes et même des négligences qui porteraient atteinte aux intérêts qui leur sont confiés. A la vérité, et de tous temps, ils se sont laissé bercer par la douce illusion qu'ils étaient des omnipotents à qui tout était permis. Il y en a qu'on étonnerait beaucoup, si on leur disait qu'on pourrait un jour leur demander des comptes sévères.

Cependant M. le général Salomon vient de donner à la génération actuelle une nouvelle leçon digne d'être méditée. Un procès, qui n'a pas manqué d'un certain retentissement, a été intenté à un Président qui, dans un instant de fol orgueil, s'étant cru tout permis, avait foulé aux pieds les droits sacrés d'un de ses concitoyens et porté de graves atteintes à ses plus chers intérêts. Le jugement fut rendu en faveur de la victime et contre l'oppresseur. Ceux qui ne veulent étudier les questions que superficiellement, pour ne pas se donner la peine de les approfondir, les naïfs et les gens de mauvaise foi, ont dû s'écrier ou penser que le Demandeur avait profité de sa haute situation pour arracher une telle sentence à des juges timides ou complaisants. Mais, pour peu qu'on veuille réfléchir et croire qu'il peut y avoir un but noble, désintéressé dans certaines actions qui de prime-abord paraissent inexplicables, l'on reconnaîtra sans trop d'efforts que le jugement du tribunal civil de Port-au-Prince contient un enseignement précieux. En effet, M. le général Salomon, en poursuivant judiciairement les héritiers d'un de ses prédécesseurs, a indiqué à tous les voies à suivre pour obtenir réparation des dommages qu'un pouvoir arbitraire peut causer à des citoyens inoffensifs et paisibles. Il n'ignore certainement pas que le précédent qu'il a ainsi créé pourra être invoqué aussi bien contre lui que contre tous ceux qui seraient tentés d'abuser de la puissance qui leur est temporairement dévolue. Et, à mon avis, il ne pouvait mieux faire ressortir toutes les responsabilités que comporte l'exercice de certaines fonctions publiques.

Aussi bien, l'avertissement ne laisse pas que d'avoir son prix et sera sans doute mûrement pesé, surtout par MM. les Secrétaires d'État. Néanmoins, pour qu'il soit véritablement efficace et produise à l'avenir tout le fruit désirable, il faut que désormais le Secrétaire d'État ait une indépendance absolue et certaines garanties indispensables.

IV

Nécessité de modifier les articles 56 et 64. — Un membre du Corps législatif nommé Secrétaire d'État ne doit pas cesser d'être député ou sénateur. — Le Président d'Haïti a un pouvoir trop discrétionnaire sur les ministres. — Député anéanti en vingt-quatre heures. — Opposition et parodie du régime parlementaire. — Devoirs d'Haïti envers la race noire. — Oppositions factieuses. — Objection et réfutation.

On peut, selon moi, assurer cette indépendance et établir ces garanties par la révision des articles 56 (1)

(1) Art. 56. Les fonctions de représentant du peuple sont incompatibles avec toutes autres fonctions rétribuées par l'État. Tout représentant qui

et 64 (1) de la Constitution de 1879.

L'incompatibilité existant entre les fonctions de Secrétaire d'État et celles de député ou de sénateur n'a pas sa raison d'être et devrait disparaître. Un de ces mandataires de la nation nommé ministre d'État doit pouvoir conserver son siége à la Chambre ou au Sénat. C'est même, pour moi, une condition essentielle; autrement un cabinet, eu égard à notre système politique, ne

accepte, durant son mandat, une fonction salariée, cesse de faire partie de la Chambre, et il est pourvu à son remplacement, etc.

(1) Art. 64. Les fonctions de sénateur sont incompatibles avec toutes autres fonctions rétribuées par l'État.

Tout sénateur qui accepte, durant son mandat, une fonction salariée, cesse de faire partie du Sénat, et il est pourvu à son remplacement, etc.

peut avoir de véritable liberté d'action. Aussi nous avons eu beaucoup de ministres, mais je peux dire, sans crainte d'être taxé d'exagération, que nous n'avons jamais eu de ministère.

Il est en effet difficile, sans la garantie que l'Assemblée nationale peut établir à sa prochaine réunion, que les Secrétaires d'État soient en mesure d'appliquer leurs idées. (Je parle, bien entendu, de ceux qui en ont en arrivant aux affaires.) Et, à part d'honorables exceptions, ils deviennent forcément, malgré la bonne volonté des uns et le mérite incontestable des autres, de véritables commis incapables de résister victorieusement au vouloir parfois impérieux du chef de l'État. Il leur est presque impossible de faire prévaloir une opinion que ne partagerait pas le Président de la République.

Le Pouvoir, paraîtrait-il, a de telles douceurs qu'on ne peut, sans un réel déchirement de cœur, se résigner à y renoncer; car, au lieu de jeter leur démission à celui qui, abusant du droit qu'il a de les révoquer, leur impose des mesures que leur conscience improuve et qu'ils croient désastreuses pour leur pays, la plupart de nos Secrétaires d'État ont préféré garder leur portefeuille et endosser la responsabilité d'actes qu'ils blâment en secret. A la vérité, ils se consolent des blessures de leur amour-propre et de l'humiliation subie, en mettant des bâtons dans les roues et en tâchant de contrarier l'exécution de décisions que, par manque d'énergie et de caractère, ils n'ont pas su ou voulu prévenir. Ils excellent parfois dans ces menées mesquines, et croient consciencieusement jouer ainsi un rôle important et même honorable. Il y en a eu qui étaient sérieusement convaincus que le comble de la finesse et de l'habileté consistait à ne jamais émettre, dans le Conseil, d'avis contraire à celui du Chef de l'État, mais à tout mettre en œuvre, une fois hors de sa présence, pour le décréditer et rejeter sur lui l'odieux ou la responsabilité d'actes que souvent ils avaient revêtus de leur propre signature !

Je n'ai pas tracé le tableau qui précède, sans sentir tout mon être frémir d'indignation contre ceux-là qui ont été assez malheureux pour se laisser guider par de tels sentiments de lâcheté et d'égoïsme étroit. Combien j'aurais voulu, pour mon pays, cacher à tous les yeux l'indignité d'hommes qui ont eu l'insigne honneur d'être chargés de ses intérêts! Mais, lorsqu'un mal existe, ce n'est pas en le niant qu'on parvient à le détruire; et il y a certaines plaies qu'on ne peut guérir qu'en les mettant à nu pour les cautériser. Il importe donc que ceux à qui de pareils exemples paraîtraient tentants sachent bien que dans les pays où la moralité n'est pas un vain mot, et où l'opinion publique est recherchée et respectée, l'on ne peut éprouver que du mépris pour les individus qui préfèrent la honte à l'honneur; pour les individus qui, placés entre les vulgaires jouissances du pouvoir et leur conscience, sont capables d'hésiter sur la résolution à prendre; pour les individus qui ne craignent pas de sacrifier l'intérêt de la Patrie à de misérables satisfactions d'ambition personnelle! Leur mémoire sera à jamais flétrie. Et l'on doit même désirer qu'il en soit ainsi; car il est impossible d'admettre qu'il peut être permis de transiger avec le devoir.

Cependant, quelques-uns de ceux qui garderont pour toujours un stigmate déshonorant ont été, jusqu'à un certain point, victimes des circonstances. L'état de choses qui dure encore ne permet guère à un Secrétaire d'État d'avoir l'autorité nécessaire pour pouvoir imposer ses idées. Le Président d'Haïti a sur lui un empire trop absolu et un pouvoir par trop discrétionnaire. Il nomme et il révoque, selon son bon plaisir; et le plus souvent les disgraciés n'ont pas les moyens de se défendre, ni d'élever des plaintes même discrètes. Le Chef du Pouvoir Exécutif peut, quand cela lui plaît, paralyser, annuler les efforts de ceux qui l'importunent par l'exposition de vues qui ne sont pas siennes. Il y a des exemples de députés qui, ayant fait une opposition gênante, ont été moralement anéantis en très peu de temps. L'opposant était nommé Secrétaire d'État; en acceptant, il cessait immédiatement de faire partie de la Chambre. Vingt-quatre heures après, il était révoqué ou obligé de donner sa démission. Et bonsoir! le tour est joué : ce n'est pas plus difficile que cela. Et le ridicule, l'implacable ridicule qui s'attache toujours à ceux qui, s'étant laissé berner, n'ont pas su mettre les rieurs de leur côté, achève parfois de tuer l'homme aussi brusquement rendu ses occupations privées.

Aussi, le député qui a acquis un peu d'influence sur ses collègues et qui sait qu'il n'est pas *persona grata*, ne se soucie nullement de devenir Secrétaire d'État s'il tient à conserver sa position. Il se contente de diriger la Chambre qui, sous son impulsion, fait à l'Exécutif une guerre sourde, mesquine, manifeste son hostilité par tous les moyens dont elle peut disposer. A une époque récente où l'on était en pleine parodie du régime parlementaire, on a vu une de ces Assemblées infliger aux ministres votes de non-confiance sur votes de non-confiance, les déclarer anti-patriotes et refuser toute communication avec eux, sans oser toutefois les mettre en accusation. Et les chefs de cette opposition qui, à tort ou à droit, doutaient de la sympathie du Président d'Haïti, s'obstinaient à ne pas accepter les portefeuilles que, de son côté, celui-ci leur offrait avec un égal aheurtement après chaque vote humiliant émis contre ses ministres. C'était le désordre, l'anarchie, et jamais plus beau gâchis ne s'était vu. L'on ne peut se faire une idée de ce qu'il a été prononcé de discours, de phrases pompeuses pendant cette période. Et finalement, la situation s'est liquidée à coups de fusil.

C'est comique et burlesque. L'on serait tenté d'en rire si ces pasquinades n'aboutissaient à des drames terribles : à la guerre civile qui arme frères contre frères, fils contre pères; à la guerre civile, la plus horrible, la plus effroyable des calamités qui peuvent s'abattre sur un pays. Que de sang précieux répandu ! Que de fortunes privées détruites ! Et pour quels résultats ? Le plus souvent pour enrichir quelques habiles et leur fournir l'occasion de satisfaire une ambition démesurée. Ah ! mes frères, il est temps, plus que temps de nous arrêter dans cette voie funeste qui ne peut avoir d'autre issue que la perte de notre autonomie. Ne confirmons pas, par une conduite insensée, l'opinion généralement répandue que les nègres sont incapables de se gouverner. Haïti a une mission sacrée; ceux qui peuvent l'oublier sont coupables et criminels. Nous avons à réhabiliter toute la

Race Noire qui a été trop longtemps calomniée, vilipendée. Pensons donc à nos devoirs envers Elle et ne nous exposons pas à ses reproches.

Aussi bien, j'estime que nous ne devons rien négliger pour essayer de substituer des luttes pacifiques, légales, aux prises d'armes, aux violences auxquelles nous nous laissons entraîner trop facilement. Et la réforme que je prends la liberté de proposer me paraît devoir contribuer à nous faire atteindre ce but si désirable. L'Assemblée nationale, en consentant à réviser les articles 56 et 64 de manière à permettre qu'un citoyen puisse être à la fois Secrétaire d'État et député ou sénateur, fera certainement disparaître une cause de troubles et d'agitations, et accomplira ainsi un progrès dont les conséquences sont incalculables.

D'une part, le Président d'Haïti réfléchira avant de révoquer ou de renvoyer brutalement un homme qui pourra de suite retourner à la Chambre ou au Sénat défendre des idées, des mesures qu'il n'aurait pu faire prévaloir au Conseil.

D'autre part, un chef d'opposition ne pourra plus se retrancher derrière les craintes que lui inspirerait l'antipathie, le ressentiment, l'inimitié même du Président pour refuser le pouvoir qui lui serait offert. On arriverait peut-être à faire cesser ou à décourager ces oppositions que les Anglais qualifient de factieuses, et qui consistent à critiquer un haut fonctionnaire sans dire ce que l'on ferait soi-même si l'on avait l'honneur d'occuper sa place.

Des patriotes sincères pourraient pourtant objecter qu'une telle réforme exciterait au plus haut point l'ambition des députés et des sénateurs, et provoquerait mille intrigues, toutes sortes de convoitises. Mais il me sera facile de faire observer que le mal existe déjà et sévit avec intensité ; nous en ressentons tous les inconvénients sans en avoir les avantages. Ce n'est, en effet, un secret pour personne que certains députés et sénateurs ne s'inspirent pas toujours des seuls intérêts du peuple. L'espoir d'obtenir un portefeuille ne laisse pas parfois que de les préoccuper vivement, et il serait sans doute téméraire d'affirmer qu'il ne détermine pas souvent leur ligne de conduite. Que de flatteries prodiguées au Chef de l'État, que de complaisances, que de lois votées avec empressement et sans examen sérieux dans le seul but d'attirer sur soi l'attention du Président de la République et de se faire placer ainsi à la tête d'un département ministériel ! La révision des articles 56 et 64, dans le sens précédemment indiqué, loin d'aggraver cet état de choses regrettable permettra, au contraire, sinon de le faire disparaître, au moins d'en tirer le meilleur parti possible. Et les fruits que la mesure est destinée à produire sont d'ailleurs de nature à compenser, selon moi, les désagréments qui pourraient en résulter.

V

Une bonne loi sur la responsabilité des Secrétaires d'État. — Privilèges généraux et hypothèque légale.

Cependant, après avoir garanti l'indépendance du Secrétaire d'État en supprimant une incompatibilité dont le danger est, je crois, démontré, il importe aussi de sauvegarder les intérêts du pays. Et la responsabilité d'un

4

fonctionnaire étant en raison directe de la liberté d'action qui lui est laissée, MM. les Secrétaires d'État devront désormais avoir des devoirs plus impérieux et des obligations certainement plus grandes. Ils ne pourront plus traiter les affaires à la légère et dans cet esprit de camaraderie qui leur a déjà fait faire tant de concessions maladroites et inconsidérées. Et s'ils pouvaient être tentés de ne pas prendre leur rôle au sérieux, il faudrait pouvoir les rappeler au sentiment de leur dignité et à l'accomplissement de leur devoir. Une bonne loi sur la responsabilité des Secrétaires d'État devient, par conséquent, indispensable : ce qui conduirait à compléter les articles 49 (1) et 129 (2) de la Constitution.

Autant que ma mémoire est exacte, il me semble qu'une loi relative à la responsabilité des fonctionnaires avait été votée vers 1870. Je ne l'ai pas sous la main; je ne me rappelle donc pas bien si elle s'étend aux Secrétaires d'État.

(1) Art. 49. La liberté individuelle est formellement attachée à toutes fonctions publiques.

Une loi réglera le mode à suivre dans le cas de poursuites contre les fonctionnaires publics pour fait de leur administration.

(2) Art. 129, Les Secrétaires d'État sont respectivement responsables tant des actes du président qu'ils contresignent, que de ceux de leur département; ainsi que de l'inexécution des lois; en aucun cas, l'ordre verbal ou écrit du Président ne peut soustraire un Secrétaire d'État à la responsabilité.

Quoi qu'il en puisse être, il est extrêmement urgent et de la dernière importance que l'État ait privilèges généraux et hypothèque légale sur tous les biens, mobiliers ou immobiliers, tant présents que futurs, des Secrétaires d'État : ce qui serait d'ailleurs conforme à l'esprit des articles 1865, 1888 du Code civil, dont on pourrait au besoin étendre le texte. Et, pour plus de garantie, il ne serait pas mauvais que l'hypothèque de l'État prît rang même avant celle des femmes mariées et des mineurs. Il est inutile d'ajouter que tout citoyen, dont les intérêts seraient gravement lésés par une décision ministérielle, pourrait aussi, au même titre que l'État et dans les délais prévus pour la prescription des actions civiles, exercer son recours contre le ministre responsable, les biens de chaque Secrétaire d'État répondant de la bonne gestion des affaires publiques.

J'entends déjà des sceptiques prédire qu'une telle loi pourra bien être votée, mais ne sera jamais exécutée. D'abord il me sera permis de leur demander ce qu'ils en savent; et ensuite il suffit qu'un droit existe. Il sera ou non exercé selon la convenance des intéressés; l'essentiel est que ceux-ci ne soient pas désarmés.

VI

La révision de l'article 56 entraîne celle de l'article 125. — Plus de différence entre l'âge requis pour être élu député et celui exigé pour être nommé Secrétaire d'État. — Le député est le contrôleur du Secrétaire d'État.

La révision de l'article 56 de la Constitution entraîne aussi, comme conséquence forcée, celle de l'article 125 (1), dont le contexte cadrerait mal avec

(1) Art. 125. Nul ne peut être secrétaire d'État s'il n'est âgé de trente ans accomplis, et s'il ne jouit de ses droits civils et politiques et s'il n'est propriétaire d'immeuble en Haïti.

l'article 52 (1). On détruirait toute harmonie, en établissant ou en laissant subsister la moindre différence entre l'âge requis pour être élu député et celui exigé pour être nommé Secrétaire d'État. Dès qu'on peut faire partie de la Chambre à vingt-cinq ans, il n'y a aucun motif sérieux qui s'oppose à ce qu'on soit, à la même époque, chef d'un département ministériel.

Le député est le contrôleur du Secrétaire d'État; s'il ne le devient pas effectivement, c'est qu'il connaît mal ses

(1) Art. 52. Pour être élu représentant du peuple il faut :

1° Être âgé de vingt-cinq ans accomplis;

2° Jouir des droits civils et politiques;

3° Être propriétaire d'immeuble en Haïti, ou exercer une industrie quelconque.

devoirs ou dédaigne de les remplir. Mais, en cette qualité, il est censé avoir plus d'expérience, plus de connaissances que celui qu'il est appelé à contrôler. D'ailleurs, quand on pense à toutes les qualités sérieuses que doit réunir un bon législateur, à la diversité d'études qu'il a dû faire, à cause même de la multiplicité des questions dont il doit connaître, il est permis de se demander quelle est la plus importante et la plus délicate des deux fonctions.

Comment! celui qui médite la loi, celui dont les décisions sont réputées l'expression même de la volonté nationale et, à ce titre, obligatoires pour tous, celui-là ne pourrait pas devenir Secrétaire d'État, parce que son âge n'inspirerait pas assez de confiance! Quelle antinomie! Quelle inconséquence, pourrait-on aussi ajouter!

Pourtant l'on se trouve enfermé dans un inévitable dilemme dont il est difficile de se tirer. En effet, ou bien à vingt-cinq ans on n'a pas la maturité d'esprit nécessaire pour s'occuper et être chargé des affaires publiques, et, en ce cas, il n'y a aucune raison pour qu'on puisse être plutôt député que Secrétaire d'État; ou bien à cet âge l'on a acquis une assez grande connaissance de la vie, des choses et des hommes, pour pouvoir servir utilement son pays, et alors on peut être aussi bien membre de la Chambre que ministre d'État, celui-ci devant surtout appliquer, exécuter les volontés de celui-là. A moins donc de vouloir continuer une contradiction choquante, l'Assemblée nationale ne peut manquer de retoucher l'article 125, de manière à l'harmonier avec l'article 52.

VII

Nécessité de modifier l'article 79 et d'enlever à la Chambre le droit de proposer des augmentations de dépenses. — Le budget est une chose sérieuse. — En votant des dépenses sans recettes correspondantes, la Chambre institue le déficit perpétuel : tristes conséquences de ce procédé. — Parlement anglais. — Opinion de M. Paul Leroy-Beaulieu.

L'Assemblée nationale ne peut non plus ne pas accorder toute son attention à une autre réforme destinée, selon moi, à établir définitivement et à compléter la responsabilité des Secrétaires d'État. L'initiative laissée à la Chambre des communes en matière budgétaire ne peut être, il me semble, aussi absolue que par le passé : d'où la nécessité de modifier l'article 79 (1).

A mon avis, les efforts qui seront tentés pour introduire un peu d'ordre dans nos finances ne produiront aucun résultat pratique tout le temps que les députés pourront, à leur aise, proposer et faire agréer des augmentations de dépenses. Le budget est une chose sérieuse à laquelle il ne devrait

(1) Art. 79. Le pouvoir législatif fait des lois sur tous les objets d'intérêt public.

L'initiative appartient à chacune des deux Chambres et au pouvoir exécutif. Néanmoins, les lois budgétaires, celles concernant l'assiette, la quotité et le mode de perception des impôts et contributions, celles ayant pour objet de créer des recettes ou d'augmenter les dépenses de l'État, doivent être d'abord votées par la Chambre des communes.

être permis de toucher qu'avec des ménagements infinis. Sa préparation exige des soins, une application soutenue et un travail dont on ne semble pas se rendre un compte bien exact; et on ne l'équilibre pas toujours sans peine.

Eh bien, lorsqu'un ministre des finances, responsable de ses actes, vient présenter un budget qu'il est enfin arrivé à établir, je demande s'il est sage d'en déranger l'économie par des votes de dépenses non urgentes. MM. les Députés comprendront eux-mêmes qu'ils contribuent au désordre, en abusant d'un droit, selon moi, dangereux. Quelle émulation, que de discours lorsqu'il s'agit de livrer assaut au budget ! Celui-ci demande un goupillon pour son curé ; celui-là une croix ; l'autre une cloche pour l'église de sa commune. Et les crédits succèdent aux crédits ; et les votes de pleuvoir ! On ne compte plus ; le robinet une fois ouvert, chacun s'efforce d'obtenir une petite somme dont il se prévaudra près de ses électeurs. Mais, après, que reste-t-il du budget présenté par l'Exécutif ? Est-ce qu'un homme d'État qui se respecte devrait proposer un seul surcroît de charges sans procurer les moyens d'y faire face : dépense et recette correspondante sont en corrélation tellement étroite qu'il n'est guère permis de penser à l'une sans songer à l'autre.

En votant donc des accroissements de dépenses sans se préoccuper de trouver les dotations nécessaires pour les acquitter, la Chambre institue le déficit perpétuel et crée un véritable régime de fantaisie. Elle oblige le Secrétaire d'État à faire le triage des dépenses ordonnées et habitue ainsi ce fonctionnaire à ne pas tenir compte de toutes ses décisions. Elle donne lieu à un arbitraire inouï, en mettant les créanciers légitimes à la merci du ministre qui peut de la sorte favoriser qui lui plaît. Elle sacrifie les malheureux employés à certains porteurs de bons peu intéressants que le Secrétaire d'État paie de préférence et pour des motifs qui ne sont pas toujours fondés sur un désintéressement absolu.

Par patriotisme, au nom des intérêts les plus sacrés de la nation, la Chambre des députés doit donc laisser à l'Exécutif seul la faculté de proposer des augmentations de dépenses. Elle pourra réduire, tant qu'elle voudra, les budgets qui lui sont soumis, pourvu, toutefois, qu'elle ne porte par cette voie aucune atteinte aux services organiques : restriction d'ailleurs conforme à l'esprit de l'article 173 (1), 2e alinéa.

(1) Art. 173, 2e. Toutefois, aucune proposition, aucun amendement ne pourra être introduit à l'occasion du budget dans le but de réduire ou d'augmenter les appointements des fonctionnaires publics et la solde des militaires, déjà fixées par des lois spéciales.

Si l'on m'accusait de vouloir restreindre les prérogatives de la Chambre, je pourrais faire remarquer que le Parlement anglais, dont l'autorité est grande et qui « peut tout, excepté changer un homme en femme », n'a pourtant pas le droit d'augmenter d'un penny les charges du Royaume-Uni. La Couronne seule peut proposer des accroissements de dépenses. Et, selon moi, les députés haïtiens peuvent, sans déroger ni s'abaisser, imiter l'exemple de la Chambre basse d'Angleterre.

A l'appui de mon opinion, je prendrai la liberté de citer quelques passages de M. Paul Leroy-Beaulieu (« Science des Finances », passim) :

« Chose curieuse : d'après la Constitution anglaise les pouvoirs de la « Chambre des communes sont plus « réduits en matière financière qu'en « toute autre, et, au lieu de chercher « pratiquement à les étendre, il semble « qu'elle se préoccupe de les restreindre. La Chambre des communes peut « tout proposer dans les questions politiques, sauf une augmentation de « dépenses ou un accroissement d'impôt. Les raisons de cette remarquable « interdiction sont doubles ; d'une « part, nous l'avons dit, le respect de « la responsabilité ministérielle : comment un ministre des finances « serait-il réellement et moralement « responsable de la direction finan-

« cière du pays, si on lui impose des
« dépenses qu'il trouve inopportunes,
« superflues ou excessives ? L'autre
« raison de cette interdiction, c'est
« que l'on a pensé avec beaucoup de
« sagesse que les Chambres examinent
« et conçoivent plus nettement le ca-
« ractère d'une dépense que le chiffre
« même auquel elle doit s'élever. . .

« Ce serait un grand progrès que
« d'introduire en France la législation
« anglaise qui ne reconnaît pas aux
« membres du Parlement le droit de
« proposer des augmentations de cré-
« dits. . . . .

« Le droit de proposer des augmen-
« tations de crédits devrait être enlevé
« à l'initiative parlementaire ; ce droit

« est exorbitant et de nature à troubler « l'administration. Le pouvoir exécutif « seul est bien placé pour voir ce qui « est utile et possible dans la situation « du pays. »

VIII

Raisons pour lesquelles l'article 126 doit être modifié. — Beaucoup de ministres et pas de ministère. — Cabinet hybride et dissidences fâcheuses. — Nécessité d'instituer la présidence du Conseil.

Après l'application de ce remède énergique, l'Assemblée nationale ne manquera pas de s'occuper d'un autre progrès à réaliser : progrès dont le germe est d'ailleurs contenu dans l'article 126 (1).

(1) Art. 126. — Les Secrétaires d'État se forment en conseil, sous la présidence du Président d'Haïti ou de l'un d'eux délégué par le Président.

Je disais précédemment qu'il y a eu beaucoup de ministres et jamais de ministère. Aux réflexions que cet état de choses m'a déjà suggérées, je pourrais ajouter quelques arguments fournis par la timide rédaction de l'article 126. Un ministère suppose, en effet, un assemblage d'hommes ayant un ensemble de vues, un but commun à atteindre par des moyens déterminés d'avance et sur l'application desquels l'accord est parfait, un programme, enfin, concerté, débattu, accepté et à l'exécution duquel l'on s'est engagé à sacrifier au besoin même ses sentiments personnels. Je crois une telle homogénéité impossible, si l'article 126 n'est pas modifié.

Le Président d'Haïti est le chef effectif du cabinet. Il réunit parfois, dans le même Conseil, les hommes les plus opposés, mais en qui il a confiance. Souvent ces hommes ne se connaissent pas, ne sont liés par aucun intérêt commun, et n'ont jamais échangé une seule idée sur le maniement des affaires publiques. Sur la même question, ils ont les opinions les plus contradictoires. Ils arrivent vite à se jalouser, à se défier les uns des autres; et alors les intérêts du pays sont sacrifiés à de mesquines rivalités d'influence, à de misérables querelles où l'amour-propre froissé tient la plus grande place. Il en résulte des dissidences fâcheuses qu'enveniment des amis maladroits ou intéressés. Et le Secrétaire d'État qui, par son instruction ou son indépendance, a eu le malheur d'offusquer ses collègues, les voit petit à petit se grouper autour du Président d'Haïti dont ils s'efforcent d'exciter la jalousie, comme si un chef d'État n'était pas déjà assez ombrageux. La personne du Président, à son insu sans doute, finit par être mêlée à de petites intrigues dont chacun tâche de tirer parti.

Les mœurs et les traditions nationales exigent pourtant que le Chef de l'État soit entouré d'un prestige immense; son autorité, pour être respectée, doit être à l'abri de toute discussion; et il faut que sa personne puisse planer au-dessus des luttes, sans qu'on puisse jamais y porter la moindre atteinte.

Le pouvoir ne peut être d'ailleurs fort qu'à la condition d'être un; or, comment obtenir un tel résultat avec un cabinet composé d'éléments divers. Pour qu'il y ait unité, il importe que la présidence du Conseil soit définitivement et franchement instituée. Il faut que le Secrétaire d'État, délégué par le Président d'Haïti, conformément à l'article 126, soit désormais le chef effectif du cabinet : il doit, par conséquent, avoir sur ses collègues un pouvoir accepté et reconnu. Il est donc indispensable qu'il participe et contribue à leur nomination, d'accord avec le premier magistrat de la République. De la sorte, le cabinet aura désormais un chef responsable pouvant, avec autorité, parler en son nom, et le Président d'Haïti n'aura plus besoin d'intervenir dans des débats ressortissant exclusivement à certains départements ministériels.

IX

Suppression de l'article 135. — La commune appelée à être le point de départ de grandes transformations. — Organisation militaire. — Nécessité de la modifier. — Transformation brusque n'est pas à souhaiter. — Politique du parti national. — Il doit conserver le pouvoir. — Réélisons le général Salomon. — Entente et discipline.

J'avais aussi l'intention de m'occuper de quelques réformes d'ordre purement administratif et de jeter, à ce sujet, un rapide coup d'œil sur l'organisation des divers départements ministériels. Mais le temps et les éléments d'appréciation me manquent pour le moment. Plus tard, je reprendrai ce travail, s'il y a lieu.

En attendant, je ne peux m'empêcher d'appeler l'attention sur l'article 135(1) et de demander qu'il soit supprimé. Je ne vois, en effet, aucune utilité à ce que les magistrats communaux soient rétribués par l'État; c'est imposer à ce dernier un surcroît de charges, sans compensation équivalente. Il serait peut-être plus sage, sûrement plus économique, de laisser aux communes le soin de faire à leurs magistrats tels avantages pécuniaires que nécessiterait leur importance.

Si, en politique et pour tout ce qui

(1) Art. 135. Les magistrats communaux sont rétribués par l'État.

concerne les intérêts généraux, une forte centralisation est nécessaire, indispensable, il n'en est pas moins vrai que de sages libertés doivent être laissées aux Corps chargés d'administrer les intérêts locaux et d'une nature spéciale. La commune me semble appelée à être la base et le point de départ d'un nouvel ordre de choses. On peut commencer par elle des essais de transformation qu'on étendra petit à petit; car, il ne faut pas se le dissimuler, ici la tâche est épineuse et il y aurait folie à vouloir tout brusquer.

L'organisation toute militaire qui régit encore le pays, résultat de nos guerres de l'Indépendance, avait été établie en vue surtout de la défense du sol contre l'étranger. On avait, dans le moment, tout sacrifié à cette idée; et ce n'est certes pas moi qui en ferai un crime aux guerriers sublimes qui ont rempli leur mission en nous léguant une terre libre. C'est à leurs descendants maintenant de ne pas laisser péricliter ce legs précieux et d'apporter à leur œuvre les perfectionnements qu'exige le temps. Il y a danger à persévérer dans un système dont les vices ne sont plus à démontrer, quand tout se transforme autour de nous; un tel immobilisme empêchera tout progrès sérieux et peut avoir des conséquences graves. MM. les commandants d'arrondissements, pour lesquels on ne peut éprouver que de la sympathie et qui récemment viennent de rendre de très grands services, comprendront eux-mêmes que l'intérêt de la patrie veut qu'on ne confonde pas des attributions distinctes par leur nature et par leur caractère. On peut être, en effet, un excellent militaire, habile tacticien, manœuvrier accompli, et ignorer les notions les plus élémentaires en matière d'administration; de même qu'un administrateur parfait, possédant toute la science et le tact désirables, peut ne pas savoir comment s'y prendre non seulement pour aligner une compagnie, mais encore pour charger un fusil.

Une transformation brusque n'est pourtant pas à souhaiter; elle bouleverserait trop les habitudes nationales et n'aurait pas de grandes chances de durée. A mon point de vue, elle doit être poursuivie lentement, mais avec persévérance et un invariable esprit de suite, et accomplie par étapes successives. C'est même par cette marche sage, c'est par ce mode de procéder prudent et mesuré que le parti national se distingue d'un autre parti insensé dont le pays a d'ailleurs fait justice et qui croyait pouvoir, en vingt-quatre heures, et à coups de décrets, transformer le tempérament d'un peuple.

L'on peut commencer par étendre, agrandir les attributions et la sphère d'activité des magistrats communaux, en prenant soin, bien entendu, d'établir fortement leur responsabilité. Les populations s'habitueraient ainsi à voir un fonctionnaire civil administrer leurs affaires, s'occuper de leurs intérêts. Et lorsque les citoyens, rompus à l'exercice des fonctions municipales, seront assez nombreux et en mesure d'embrasser et de gérer des intérêts d'une plus grande étendue, il sera facile de trouver des hommes à qui confier la direction d'une agglomération de communes; et l'arrondissement administratif sera créé. A côté de l'autorité militaire sera alors placé un fonctionnaire civil exclusivement chargé de l'administration, responsable et comptable de sa gestion. Et il restera au commandant de l'arrondissement militaire un rôle important, honorable : il aura désormais pour mission de veiller sur la sécurité de ses concitoyens, d'assurer la paix, de garantir l'ordre.

Mais, je ne saurais trop le répéter, une telle réforme ne pourra s'opérer du jour au lendemain. Il faut, pour y arriver, une succession de gouvernements ayant les mêmes vues et poursuivant la même politique. Aussi le parti national doit-il s'efforcer de conserver le pouvoir; et, pour atteindre ce but, il importe qu'il ne se laisse pas diviser par de malheureuses et insignifiantes rivalités de personnes. Réélisons M. le général Salomon; par les grands services qu'il a rendus au pays, il a dignement mérité cette récompense qu'il y aurait même ingratitude à ne pas lui décerner. Et, le jour où il faudra lui donner un successeur, entourons, soutenons celui qui pourra, le mieux, obtenir la majorité des suffrages. Qu'importe que l'élu se nomme Pierre, Paul ou Jacques? L'essentiel, c'est qu'il soit membre du parti national et décidé à appliquer nos idées, à satisfaire nos aspirations et à continuer l'œuvre commencée. Souvenons-nous des périodes de lutte où nous marchions tous la main dans la main, affrontant les mêmes dangers pour un but commun; et qu'il ne soit pas dit que, unis pendant le combat, nous ne savons plus nous entendre après le triomphe ! Non, la victoire ne sera pas pour nous une cause de désagrégation ; et nous prouverons que nous pouvons en profiter et surtout l'utiliser pour le plus grand bien de la patrie. Que notre mot d'ordre soit donc désormais : Entente et discipline.

Paris, 17 mai 1885.

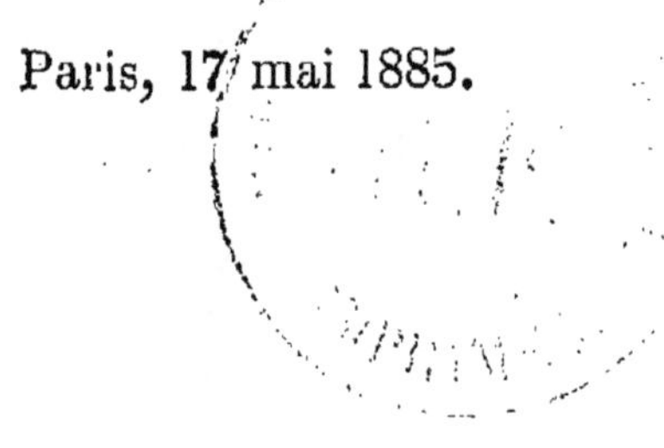

FIN

EN VENTE A LA MÊME LIBRAIRIE

JANVIER (LOUIS-JOSEPH)

La République d'Haïti, 1840 - 1882.

Un volume in-8°. . . . . **7 fr. 50**

Les Affaires d'Haïti, 1883-1884.

Un volume in-16 . . . . **4 fr. »**

CHANCY (EMMANUEL)

L'Indépendance nationale d'Haïti.

Un volume in-18 . . . . **3 fr. 50**

PARIS. — IMP. C. MARPON ET E. FLAMMARION, RUE RACINE, 26.

www.ingramcontent.com/pod-product-compliance
Ingram Content Group UK Ltd.
Pitfield, Milton Keynes, MK11 3LW, UK
UKHW020204200726
13856UKWH00003B/1199

9 782012 393677